U0915920

心灵富足的童年

[日] 安野光雅 著

蓝佳 译

新 星 出 版 社 NEW STAR PRESS

新经典文化股份有限公司
www.readinglife.com
出　品

前言

我以画画为生。一直以来我都想创作这样的绘本——可以通过它分享发现与创造的喜悦，在不知不觉间把读者带入迷宫般的世界，让读者激动得跳起来。我一定要做出这么有趣的书。

绘本《奇妙国》的出版，距今已有五十多年。当时还没有无字绘本的概念，很多人都觉得没有字的绘本根本看不懂。我认为，绘本不应该是让人哗啦啦一翻而过的东西，好的绘本值得反复阅读，每次看都能从不同角度体会到不同乐趣。五十年前我就这样想，现在仍未改变。

如今市面上随便翻翻就能看完的绘本太多了。不仅是绘本，在很多方面人们都愈发看重“简单易懂”“能立刻派上用场”，逐渐变得不再需要“思考”。

所谓思考，并不是像解数学题那样，想出问题的答案。思考，就是生活。

思考就是生活？可能很多人听完更摸不着头脑了。举例而言，思考“晚饭吃什么”并不简单，思考“如何教育孩子”更是一个重大课题。

在地上爬来爬去的婴儿，一旦发现前方有台阶，就不会继续头朝前，而是转过身来倒着爬，让脚先着地。这就是婴儿自己思考过后的举动。

最近我本来要去一趟瑞士，后来由于一些状况没能成行。我心想，既然这段时间已经空出来了，那就去之前没去过的地方看看吧。于是我参加了一个为期六天的巴士之旅，目的地是波黑、科索沃和北马其顿。

此前的旅行大多是提前规划好行程的自驾游（虽然也是稀里糊涂的），而这次纯粹是说走就走。

住宿、餐饮和景点都不用自己考虑（到了北马其顿我才知道特蕾莎修女出生于此），连行李也是同行的朋友帮我拎着，完全没有要自己操心的地方。

这一周里，我全听别人指挥，不必考虑任何事，不知为什么却感觉很累，甚至在别人游览景点时，自己一个人留在车上打瞌睡。

不过，在旅游巴士上看到的世界倒也挺有意思——噢，这个国家也有木匠啊……那两位在说什么呢，是商量借钱，还是讨论婚事？我坐在车里随意想象。

即使这样，这趟旅行也相当开心。

建筑家安藤忠雄、哲学家笛卡尔都是博览群书，也喜欢云游四海的人。他们认为有些知识不在书本里，从真实的风景、身边人的生活中才能学到。

我在这趟旅行中一直跟着别人走，并没有什么像样的思考，因此说不上是一次精彩的旅行。但我从中发现，就算不特地去想，人活着也总会思考些什么。

尽管不是哲学家，我们在每天的生活中还是少不了思考。

本书还讨论了“放弃思考”的情况，比如做菜时完全按照电视或网络上的菜谱去做，这就是将“思考”委托给别人，“放弃思考”的表现。

这不是一本能立刻派上用场的书，也不能教会你一种新技能。但独立思考非常重要，我希望大家在阅读本书的过程中，能好好想点儿什么。

目录

1 对孩子的思考

心灵富足的童年

这是我小时候的一件事。一天，我对小我五岁的弟弟说："告诉你一个秘密，千万别告诉别人。我身为哥哥，有事不能瞒着弟弟。"

"我们家有个地下室，里面藏着钱啊，衣服啊，玩具啊……好多东西。入口在米缸里，把大米拨开，不断向下挖，挖到深处就通到地下室了。咱们看着穷，其实地下室里会源源不断地冒出大米来，不愁吃。"

弟弟一听就当真了，说着说着，连我自己都觉得真有这么一回事。

"爸爸说我都上六年级了，是时候把这个秘密告诉我了。等到你上六年级，爸爸也会告诉你，到时候你可一定要装作头一回听说。不要跟任何人提起这件事，就算有人夸口自己家有地下室，你也别跟着说我们家也有。”

后来我问弟弟还记不记得这件事，他说当时他听完后，心里有一种从未有过的满足感。的确，孩子在成长过程中会与世界发生各种化学反应。那些写给孩子们的故事（比如童话），应该也是在与孩子的心灵交汇、碰撞的过程中诞生的吧。

我认为，每一个孩子都悠游于幻想的世界。

推荐大家玩一个游戏：把镜子平放在地板上，然后看镜子，你会发现镜中的景象犹如地下室。

我小时候常把镜子放在榻榻米上摆弄，痴迷于镜中的世界。不要以为镜子里只有天花板，只要稍稍变换角度，就能从镜子里看到一切。我独自一个人的时候，经常玩这个游戏。

我望向镜中的屋檐，屋檐外是天空。望着望着，我开始想象自己坐在屋檐上，而天空在脚下。接着，又想象自己跨过屋檐，走向屋内……我感觉自己正在向很深很深的地方坠去，甚至有点害怕。

在我的第一本绘本《奇妙国》[①]中，就有基于这一镜中世界创作的画面。

我小时候还有一个喜欢的游戏——课间休息时，望着窗外操场上的同学，想象他们的对话。“刚刚甲说……”“然后乙说……甲又说……”我和一位叫丰田的同学即兴给他们配上台词。

这个游戏非常有意思。虽然不知道人家实际在说什么，但神奇的是他们看起来就是在说我们给配的台词。后来我创作《旅之绘本》[②]时，这一经历就派上了用场。

---

①《奇妙国》是安野光雅的成名作，属于无字绘本。从高处水龙头里流出的水，向下流经小镇后，又回到了水龙头里……受荷兰画家埃舍尔作品的启发，安野光雅也开始尝试用图画来展现“不可能的世界”。

②《旅之绘本》是安野光雅的代表作，细致入微的水彩画描绘了意大利、英国、美国、西班牙、丹麦、中国、日本、瑞士等10个国家的美丽风景。此外，安野光雅还将大量名画、名著、历史人物、电影情节等元素融入风景之中，立体地呈现出各个国家的面貌。

孩子生活的世界

吃饭时，大人常常因为孩子打翻饭碗而发火。其实，如果我们能站在孩子的视角看一看，自然就会理解。大人从上面俯视饭桌，酱油瓶和盐罐放在哪儿一目了然；孩子的视线基本和桌面平齐，不小心碰倒桌上的东西、打翻饭碗也情有可原。

除了这种“物理性差异”，孩子和大人对这个世界的感受也不同。

举例而言，小时候感觉一天 24 小时非常漫长，长大后却感觉一天的时间好像变短了。为什么会这样？即便是物理上的时间或空间相同，孩子和大人在生活中实际感受到的时间和空间也相去甚远。

长大后，我回到阔别已久的故乡津和野，发现马路比记忆中窄了很多，小时候感觉很高的屋顶也变得触手可及。相信很多人都有过类似的体验吧？

起初我以为这是成年后个子长高，视线也变高了的缘故。于是，试着蹲下来打量周围，结果发现不管怎样都回不到儿时的观感。

也许孩子和大人视野里的东西原本就不同吧。如果的确如此，父母和老师一定要牢记这种差异。

一辆汽车驶过，我们当下就能看出它越开越远。但超出一定的距离后，我们就会失去对位置远近的感知能力。孩子和大人能辨别的最远距离是不一样的：孩子只能对眼前的物体做出判断，大人却能判断更远的物体位置关系，这似乎是因为成人的眼间距更宽。

孩子和大人眼中的世界有多么不同，从写生中就能看出来。孩子会把远得几乎要用望远镜才能看到的

出自《奇妙国》

事物画下来，比如说远处一个小小的“鸟居”[1]，孩子却把它画得硕大无比，占满整张画纸。大人就不太会关注这些不起眼的东西。

每一代人成长的环境都不一样。像电视、智能手机、电脑……这类科技产品日新月异，就算告诉孩子以前的生活如何如何，他们也无法理解大人们的经历和感受。

还有，孩子的记忆力和好奇心也是大人难以比拟的。

无论从哪个角度，孩子和大人所处的世界都大不相同，他们自然不能事事顺着大人的意愿。

孩子和大人对事物的判断标准是不同的，我们要将这一点牢记于心。

---

① 鸟居：位于日本神社入口处的附属建筑，大多由两根支柱与一至两根横梁构成。

对孩子来说，玩就是学

对孩子来说，玩就是生活本身，他们能在玩的过程中学到很多东西。

有一次我去伊势志摩①写生，在路边看到一群孩子边玩边唱数字歌谣。我听了听，歌谣只唱到数字五就结束了。于是我问："为什么只唱到五呢？""因为我们只知道这些歌词呀。""要不要试试自己编到十？"他们琢磨了一会儿，不仅编到了数字十，还成功押上了韵。这就是孩子的潜能。

孩子能把实际不存在的事讲得绘声绘色；连棒球

① 伊势志摩：日本本州中部城市，位于志摩半岛北侧，有伊势神宫等名胜古迹。

这种有既定规则的运动，他们都可以想出既有利于己方、对手又能接受的规则。孩子可以在玩耍中习得生活的智慧。

在幼儿园里，玩耍就是学习；到了小学，坐在课桌前读书变成了学习。在我的童年时代，还有我儿子小的时候，孩子们除了在学校学习，在小卖部里也能学到东西。

那时在小卖部买东西可以参加抽奖——我在神户待过一个夏天，那里每家小卖部都有这种抽奖券——但抽再多次，我也抽不中一、二等奖。

后来，我在东京的阿美横町商业街发现了一家铺子卖抽奖券，就买回家给孩子们玩，规定好一天抽一次。孩子们浑然不知爸爸把一、二等奖藏起来了，每天高高兴兴地抽奖。旧时小卖部的抽奖玩的就是这种把戏。

以前的小卖部，简直就是孩子的天堂。我长大后，还是会想起那些卫生堪忧的小卖部，怀念当年的烤墨斗鱼、鱿鱼干、肉桂糖，还有豆馅团子。父母当年不喜欢我去小卖部（说是不卫生），但对于我来说，无论儿时还是现在，那都是令人憧憬、难以忘怀的世界。我和儿子聊过小卖部，他也深有同感。

话题扯远点，如今的日本可以说是世界上最干净的地方。不停地在消毒，简直到了洁癖的程度，全世界除了日本，大概再也找不出这样的地方了。

孩子还是应该在没有过度消毒的环境中成长，这样更有利于建立免疫力。

听说现在的孩子玩耍的时间变少了，家长也不再鼓励孩子去玩。因为父母希望孩子的生活符合他们心中的标准。他们希望孩子多学习，于是上课外班成了孩子生活的一部分。

对孩子来说，玩就是一种学习。在我看来，“去上

糖果屋
石子烤红薯摊
石焼
医生
旋床木工

搬运工 烟囱工 箍桶匠

花店 煮豆店 扫帚店

出自《aiueo 商店》

学才算是学习”只是大人的误解。

大人当然需要照顾好孩子，但要是管得太多，孩子就会失去自由。我认为，孩子需要完全属于自己的时间和空间。学校更注重集体生活，孩子在自己的世界里才是最真实的。什么意思呢？老师组织学生打棒球，和孩子们私下里自发相约打棒球，这两者“玩”的感觉是不一样的。孩子在发自内心的、真正的“玩耍”中才能学到东西。

大人的一言一行，孩子都看在眼里

我二十三岁时在山口县德山市（今周南市）当小学代课老师，负责教三年级学生。现在回想起来，那时颇有干劲，心思全用在教学上——战争刚结束不久，连教科书都没有，每天都要自己琢磨当天的课讲什么；除了美术课，还有音乐、体育，什么都得教。后来机缘巧合之下，我来到东京，通过了东京都[①]教师考试，正式成为一名美术老师。

我常常感叹，一定不能小看孩子们啊。哪怕是三岁的幼儿，也会装模作样。

---

① 东京都：由东京23区、多摩地域与东京都岛屿部共同组成的日本一级行政区。

比如，面对相机镜头时，孩子会自然而然地摆出各种姿势。看来即便是很小的孩子，也能意识到他人的在场。

我的孙子可能见过保姆用脚按电风扇的开关，只要靠近电风扇就会试着用脚尖点开关。

大人的一言一行，孩子都看在眼里。他们会有样学样，越做越得心应手，有的孩子连怎样答题能得到老师表扬都一清二楚。

回想起来，我们幼时也是如此。被大人灌输了太多一本正经的道理后，“不要在走廊上乱跑”这种话张口就来。但孩子就是孩子，嘴上一边说着“不要在走廊上乱跑”，一边追逐打闹。这大概也是一种和大人相处的“生活智慧”吧。

你肯定见过孩子被大人催着跟人打招呼的情景，这种时候孩子只好不情不愿地叫一声叔叔或阿姨。当然，有这种不爱打招呼的孩子，也有彬彬有礼的孩子。不过我觉得孩子不热情也很正常，顺其自然就好。有人觉得这事关礼貌，孩子还是得好好管教，但我不喜欢“管教”这种做法。与其早早地让孩子变成大人，不如让他们尽情享受自由的童年时光，等有一天孩子自己意识到“做一个懂礼貌的人，好像还不错”。

我的儿子从四岁开始在家里的墙上涂鸦，最后墙都被画满了（那时我想重刷一遍墙也没什么大不了）。没想到重刷后，他也不再往墙上画了。

假如一个孩子总是保持大人心目中理想的样子，那会怎样？循规遵矩、能言善辩、有礼有节，这样的孩子反而让我心里发毛。

《草原上的小木屋》[①] 一书中，小女孩罗兰的妈妈就是家教严格的典范。可她们住在荒野中孤零零的一栋小木屋里，学那些标准的礼仪又能展示给谁看呢？

---

①《草原上的小木屋》是美国儿童文学作家劳拉·英格尔斯·怀尔德的代表作，以拓荒时代的美国为舞台，讲述坚强地生活在大自然中的罗兰一家的故事。

我去亲友家做客时，的确遇到过几个礼貌懂事的孩子。但我觉得，孩子做不到这样也没关系。如果不善言辞，能传达出内心的好客之意就好；收到礼物时，说不出漂亮的感谢话，能看出他心里开心就够了。期待孩子得体地回应，再对此大加赞扬，这原本就是大人的问题。

有些人认为家教不严的孩子缺少礼貌，我却喜爱这样的孩子。

说谎这件事

有一回，孙子问我："爷爷你厉害吗？""呃，怎么说呢……"我含糊其词，他顿时一脸失望。坏了！我不该这样回答他。孩子似乎都有慕强心理，希望有强者保护自己。

说谎对孩子来说也是一种"生活智慧"。他们发现自己和周围世界（多数情况下指大人）相比是弱小的，所以会依赖比自己强的人，同时在强者面前也会有自我维护的意识。

如果没完成作业或家长交代的事，他们就会用"说谎"的方式自保。"我肚子痛""妈妈让我买东西去了"，虽然一听就是在骗人，孩子却很认真。大人要如何对待孩子撒谎的问题？我认为，当他们的谎话暴露以后，还是应该严肃地批评他们。但说谎的行为好还是不好，有时很难界定。

“善意的谎言”只是大人敷衍的说辞，“说谎是偷盗的开端”这类说法更是毫无逻辑。成年人说谎，则是自我堕落。

“艺术”或多或少都存在虚假的成分，戏剧、绘画等无一例外。戏剧本身就是一场“谎言”，演员和观众的参与都建立在这一前提下。

如果进一步探究，就会发现大多数情况下我们了解到的并不是百分之百的“真相”。“真相”是实际发生的事情，但要想把真相告诉别人，必须把它转换成语言，也就是“信息”。我们都希望信息尽可能地接近真相，但它毕竟不是真相本身。真相最终会变成过去发生的事情，以信息的形式被记录下来，而这个过程很容易混入非真实的东西，以至变成“谎言”。

有一种观点是，绘画和实物越像越好。

日本有位写实主义画家野田弘志，他的画非常写实，但谁都模仿不了。无论他画的是自己眼中的世界还是内心想要呈现的世界，那都是他个人的作品，和实景不同。

画画并不是画得越像越好。画家的风格各异，即使他们将眼前的东西如实画下来，最终的作品也不会跟实物完全一样。也就是说，“艺术表现”本身就是一种“谎言”。

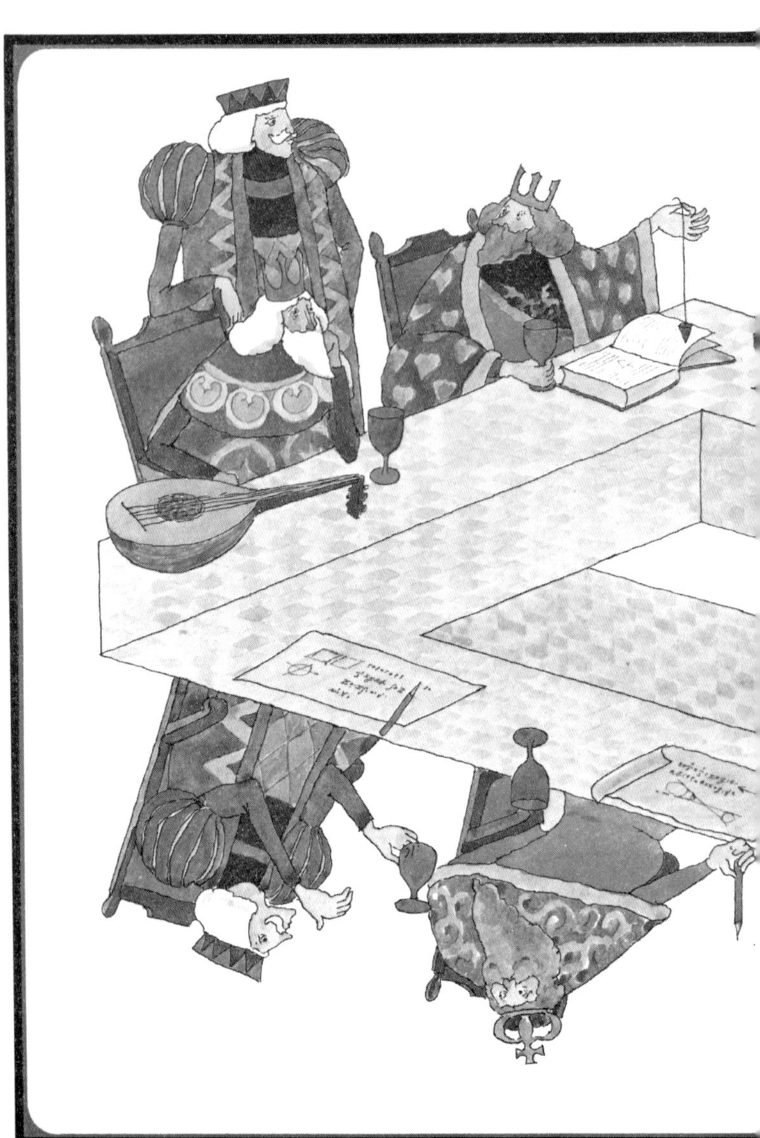

有四位国王——

不，是八位！

国王们已经想了好几百年，

到底谁才是颠倒的。

出自《颠倒国》

孩子被骂，多半是因为碍了大人的事

说起来，孩子总干些惹大人生气的事。这种时候不训不行，但千万不能打，否则会给孩子留下心理创伤。我从没打过孩子。

当你因为骂了孩子隐隐感到不安时，请反思一下自己的做法是否得当。

通过观察，我发现家长多半是因为自己的事情责骂孩子。比如晾衣服、买东西的时候孩子捣乱，又或者明明要赶时间却被孩子绊住手脚，等等。总之，孩子挨骂八成是因为碍了大人的事。

真正为了孩子的成长才批评他们，这种情况反倒很少见。

我不喜欢所谓的“规矩”，也很少因为“没规矩”训斥孩子。但如果他们欺负或伤害其他孩子，就另当别论了。

成长的阶段

从童年期向青春期过渡的阶段，孩子们的变化非常大。上学的时候，我有同学早早就长出了胡须。

我认为，童年时期的孩子还处于父母掌控之中，或者说还处在听父母话的时期。而青春期就到了“做坏事才显得酷”“明知道不对，可越不让干就越想干”的危险期。说白了，青春期就是“学会抽烟的时期”，想快点变成大人。（这里的“抽烟”只是指代成年人才可以做的事情，与实际是否抽烟无关。）当年被老师问话的时候我总是胆战心惊，这种刺激感反而让我有一种成为英雄的感觉——不过并非拿破仑式的英雄，而是反面的“差点被退学的英雄”。

不论是好是坏，孩子都要经历这一成长阶段。

在青春期，有些孩子对提高成绩这些正面目标不屑一顾，甚至故意和老师作对，走向极端叛逆，希望从中找到意义。我当年就有这样叛逆的好友。其中有一位退学的朋友，后来我去他家玩，临别时他哭了。还有一位朋友正值青春却自杀了，我至今都不知道原因。我那时太年轻，只觉得可怜，也思考不出太深的东西。

我不喜欢青春期的高中生，因为我从他们身上看到了曾经的自己。我不是一个优秀的学生，那时的所作所为其实与心中理想的“我”是错位的，所以不愿回忆当年。明明内心有一个理想的自我，也想朝那个方向努力，结果却变成了另一个人。

青春期是从孩子到大人的过渡期，处于这一阶段的孩子容易对自己的人生价值产生怀疑。如何对待这个年龄段的孩子，真是个难题。

最后一名的尊严

近年来出现了许多令人心痛的事件，孩子多以一己之身对抗现实中的冲突。其实孩子的世界里也会发生很多事情，有好事也有坏事。他们与之发生碰撞，同时也获得某种免疫力，一路跌跌撞撞地成长。然而父母不明白这一过程有多重要，他们企图给孩子们建造一个理想中的和平乐园，看似可行，实则问题重重。现实情况是，孩子的世界里存在不公和欺凌。

这样说也许有些残酷，但童年时期缺的课过后一定会补上。从我个人的经验来看，愤懑、屈辱等苦痛的滋味还是在童年时期先体验一番为好。

为什么这样说？因为童年时期遭受的创伤，更容易找到修复方法。而且小时候一天就可以恢复的创伤，成年后可能需要一年。（不过欺凌事件也有轻重之分。如果遭到严重欺凌，我认为可以不去上学。）

我的生日是3月20日，在班里年纪最小（日本新学年从每年4月开始），别说是运动会，就连汇报演出都没我露脸的份儿。班里年龄最大和最小的孩子几乎相差一岁，这在小学阶段是很大的差异。

运动会赛跑时我总是倒数第一。其实只要默默地跑完就可以了，但为了掩饰尴尬，我全程面带微笑。至今，我都忘不了自己面带笑容、从坐满观众的看台前跑过的情景。所以我讨厌运动会。当了老师后，每次看到赛跑垫底的孩子，就像看到当年的自己一样难受。然而后来，我慢慢地领悟到：倒数第一也没什么大不了，总归有人是最后一名。垫底的人也许要强颜欢笑来掩饰难堪，也许会感到丢脸、悲伤，但人就是在这些经历中成长起来的。

不过，最近又有人提出，“垫底的孩子太可怜了，我们一定要想想办法”。（比如通过预选将速度差不多的孩子安排在同一组，但这样还是会有倒数第一名啊。）

大人们想方设法取消倒数第一，这算是过度保护吧，我认为并不可取。此外，也不要刻意去安慰垫底的孩子。“他坚持跑完了全程，让我们为他鼓掌”，这样的话听着就讨厌。

我讨厌运动会，也不喜欢做体操、玩游戏，至今都没学会跳交谊舞。对我而言，那次强颜欢笑的赛跑是难得的经历，那个掩饰难堪的笑容异常可贵。

“不要成为赢了就得意洋洋，输了就哭鼻子的人。要知道这个社会充满竞争，我们现在不是为了争第一而跑，而是为了有朝一日成为赢了不会过分得意，输了也不会气馁的大人，为了那一天的尊严而跑。”

这是我想象中的帅气演讲。

当下最重要

学生不做作业是老师的责任，不给学生留作业也是老师的责任，其实批改作业对老师来说也是莫大的负担。如今想来，我小时候的作业经常是写汉字，老师动不动让我们回家把当天学的生字写二十遍。写着写着，我就会把每个汉字分解成“一”“丨”这样的零部件，再机械性地统一组装、批量生产。但也多亏如此，现在我才会写这么多汉字。小时候学语言就是快，识谱也快，成年后再学就慢了。

围棋和将棋[①]大概也都一样，小时候学过的东西，

① 将棋：日本最受欢迎的棋类游戏之一，设有段位。

长大了也不会忘。童年时代可比之后的大学时代重要得多（不过很少有人明白这一点）。

大人一方面想让孩子轻松快乐地成长，一方面又想让他们趁早学一些东西，好好打下基础。于是常常对孩子说："你不知道自己现在这个年纪有多宝贵，可是我很清楚，所以你一定要听我的。"孩子却怎么都不愿意学。我认为孩子们才是对的。

一般来说，孩子都只知当下，也许他们的生命力就来源于此。

虽然长大之后，我们有时会后悔"要是小时候学过这个就好了"，但如果孩子现在不肯学，也不必为此烦恼。大人重视将来却常常忽视当下，在孩子看来，是大人太心急了。

有件事我一直记得很清楚，1969 年 7 月 24 日，登月飞船阿波罗 11 号的指挥舱即将返回地球，溅落在太平洋上。我希望儿子能见证这一历史性的时刻，所以跑去学校接他回家。当时是暑假，他正在学校打乒乓球，我就劝他："看完阿波罗号溅落再打球也来得及啊。"儿子却说："马上有个比赛，现在不练的话我就没机会上场了，而且练完还得收拾球拍、打扫卫生呢。"

回家的路上，我不禁陷入了深思。和儿子一心渴望参加比赛的纯粹相比，我想让他"见识"飞船溅落反倒显得肤浅。想着想着，我就一点也不觉得遗憾了。这只是一个小小的例子，类似的事情还有许多。

父母与孩子的关系，就是在无数次这样的互动中形成的吧。

为什么要鼓励孩子多读书?

如果孩子小时候没有养成阅读的习惯，长大以后就更难了。阅读速度在读书的过程中至关重要，而眼睛追逐文字的快慢主要取决于运动神经的发育程度。

我小时候身边有很多书可以看，因此成了一个书虫，手里没书读就感觉不舒服。

上小学时，我爱上了阅读。起初吸引我的与其说是书的内容，不如说是“阅读”这一行为本身，眼睛、手指与文字的合拍感。比如书上印着“苹果”两个字，先是眼睛和手指跟上去:“苹”“果”;接着在脑海里确认:“哦，是苹果!”分别看“苹”“果”两个字还反应不过来，突然有一天，就会兴奋地意识到它们组成

“苹果”这个整体。我观察我孙子读书的过程，发现他也是这样。

当时有本叫《少年俱乐部》的杂志，卖50钱（100钱相当于1日元）一本，我每期都会买来看，从头读到尾，连最后的获奖读者名单都不落下。

我家附近正好有座教堂，有时我会去找牧师借书看，他总是欣然同意。穿过庭院有个房间，趴在地上看书的时光好不惬意。

因为我们家是开旅馆的，所以偶尔会捡到客人留下的杂志，这正合我的心意！虽然有些文章对我来说很难，有时也看不懂，但我依然看得很高兴。当时不明白的词句，后来自然而然地就明白了，想想也是不可思议。

人们常说，通过书籍可以跨越时空与作者对话。而且只要提起马可·吐温、安徒生等作家的名字，就能立刻和陌生人找到共同话题。虽然我们不是为了和别人有话聊才读书，但读过同一本书的人能够找到彼此相通的东西。与某人有相同的感慨、一致的见解、共同的语言，这种心有灵犀的感觉是多么美妙。

大人经常为孩子挑选以“好人好事”为主题的书，但我并不赞同这种做法。因为这类题材很多都是编造出来的，我认为还是反映真实的书籍更好。

孩子非常了解大人，为了得到老师的夸奖，他们爱写“好人好事”的作文。其实普通题材的作文也很好，但通常被认为缺少教育意义。只要被表扬一次，孩子立刻就会明白这里面的门道。于是他在作文里要么编造朋友的经历，要么写出“我觉得某某的行为不对”之类的句子。因此，我很厌恶所谓的“好人好事”。

宫泽贤治的《夜鹰之星》、有岛武郎的《吞围棋子的八郎》、吉野源三郎的《你想活出怎样的人生》，还有蒙哥马利的《绿山墙的安妮》，这些书里没有生编硬造的情节。无论小学生还是大学生，读这几部作品都会有自己的理解。

2 对学习的思考

学习就是在学校接受教育?

我认为“自主学习”才是最重要的。

学习主要就是“自学”。

义务教育有时让人非常无奈：学生必须学规定的课程，因此学习变成一件被动的事。可我认为，不局限于规定的课程，自己有感兴趣的东西就深入钻研，这才叫作“学习”。

和徒弟拜师学手艺不一样，真正的学习，不会有“立刻派上用场”的东西。

令人遗憾的是，取得好成绩成了中小学的教育目标，以及老师评判学生的标准。

有人认为考上理想的大学是最重要的目标，但我想告诉他们，大学只是人生漫漫学习路上的一站而已。

社会通常把人简单地分成文科生和理科生，其实没有意义。要是文科生毕业后都去当文学家，那也太可怕了。

不论学文还是学理，都只能算作入门。在学校学的东西也许和将来的工作没有直接联系，但会为今后的方向提供指引；学到的东西哪怕不能马上用到，终将改头换面，以别的形式发挥作用。

有的大学或职业学校培养设计师，有的培养演员，还有的培养编辑，其中有很多都是孩子们理想的职业，但并不意味着从这些学校毕业就能保证你成为设计师或编辑。

学生不必对学校抱有过度的期待。我认识的一个孩子，因为老师对自己不够上心而转学，其实完全没有必要。

在学校里，老师教授知识和学生自主学习两种情况都有。可实话实说，如果学生自己不想学，老师怎么教都没用。

说到底，上学就是为了找到自己真正想做的事。

虽说学习的本质是“自学”，但孩子还是应该去上学，因为在学校可以交到一生的挚友。

小学结识的好友可以无话不谈，不论事情好坏；也绝不会把朋友吐露的秘密告诉别人。这样的朋友，长大以后很难再遇到。我自己就有一起长大的，可以推心置腹的朋友。幼时交的朋友，长大后仍然可以互相倾吐难言之隐，而成年之后交的朋友就很难再分享秘密了。

出自《走进奇妙的数学世界》

数学最重要的是快速解题吗？

《走进奇妙的数学世界》这套绘本刚出版时，有不少人诧异地问："这是数学书？"

也难怪人们会疑惑——书里画的又是小猪、又是乌鸦，没人见过这样的数学书。

其实我的初衷不是创作"数学绘本"，是想讲包括数学在内的所有学科适用的思维方式。这样的书能不能称得上"数学书"，我自己也很忐忑，于是特意请教了数学家远山启①老师。

①远山启（1909—1979），日本当代数学家。致力于日本数学教育的改革，对日本教育和思想界影响巨大。学术著作有《现代数学对话》《数学、社会和教育》《初等整数论》等。

远山老师创立了“水道方式教学法”[1]，在日本教育界引起了强烈的反响。但因为不符合文部省[2]的方针，他编写的教材没能通过审核。为此，他与文部省展开了“何为数学”的辩论。

当年远山老师考入东京大学数学系后，很快发现自己与数学老师合不来，于是退学在家自学。之后四年多的时间，他每天都在家读巴尔扎克的书。后来他意识到要想好好学数学还是应该读大学，这才重新参加考试，并考入东北大学数学系。试问现在又有几个人能做到呢?

远山老师说：“数学就是有逻辑地思考。所以，这套绘本完全可以称为数学书。”

数学就是“有逻辑地思考”。

打个比方，假如你因为做了超市店员而学习算账，

① 水道方式教学法：远山启倡导的数学教学理念。主张以笔算为主，通过具体的实物理解抽象的数字。

② 文部省：日本中央政府的行政机构之一，负责统筹日本国内教育、科学技术、学术、文化、体育等事务。

这就称不上学数学。

有一次我为了活跃大脑，和小学四年级的孙子一起学习。大约有十来道计算题，不是简单的加减运算，而是包含大中小括号、每个式子都带有 x 的复杂题目。孙子上过声名在外的数学补习班，算得飞快（孩子的头脑多么灵活啊），还有工夫纠正我的错误。这是他反复练习的结果。可是，这样就称得上学数学吗？

我认为，深入的思考才能叫数学，而很多人觉得计算就是数学。

《走进奇妙的数学世界》里有一章叫“比一比，想一想”，让读者思考“哪里不同”，这同时也意味着思考“哪里相同”。数学题基本上都是建立在“比一比，想一想”这一基础之上。就连孩子们最头痛的高年级应用题，用“比一比，想一想”的方式去思考，也会变得轻松起来。找出两者的“共同点”，往往是解题的关键。

请思考以下问题。

1. 请用5公升和3公升的容器量出7公升的水。

2. 怎样用1升（10合[①]）的容器量出5合的米？

3. 一只怀表配金链售价15500日元，配银链售价13900日元。一条金链和一条银链的总价是5400日元。这只怀表的价格是多少？

《走进奇妙的数学世界》里有的问题解起来稍有难度，有的问题从不同角度思考会有不同的答案。如果给孩子过多的提示，引导其得到正确答案，结果不过是教会他解一道题而已。反之，当他完全靠自己找到答案，即使答案是错的，他也会习得"思考的步骤"，体会到"发现的喜悦"。这样学到的东西，孩子必定难以忘怀。

① 合（gě）：一种容量单位，通常用来计量粮食。

用自己的力量找到答案

我画过一本绘本《森林》，也是无字书。书里每页都画着森林，茂密的枝叶和草丛间藏着许多小动物。

我曾见过孩子刚翻开这本书，旁边的大人就迫不及待地帮他指出动物的藏身之处。心急的大人没有意识到，这是一本给孩子带来“发现的乐趣”的绘本，而他的行为恰恰剥夺了孩子的快乐。

还有一种情况也令人遗憾。比如，看书时家长问孩子：“找一找，哞哞叫的藏在哪里？”用动物的叫声进行提示，甚至干脆建议“把书倒过来看看”。在别人的提示下找出答案与自己发现答案，有着天壤之别。自己找到答案，对孩子来说是莫大的喜悦。

哥白尼发现“不是太阳围着地球转，是地球围着太阳转”的时候，该是多么欣喜若狂啊。

用自己的力量找到答案，必然带来心灵的震撼。

出自《森林》

知识问答和思考题的区别

知识问答是从我们已有的知识储备中寻找答案，如果恰好碰到知识盲区，那就束手无策了。

与之相反，思考题没有现成的答案，需要我们自行摸索，给出合理的解答。

> 有12个小球，它们的外观完全相同，但其中有一个小球的质量和其他小球不一样（不确定是更轻还是更重）。请你用天平称三次，找出这个质量不同的小球。

上面的问题属于思考题。这道题出得很不错，答题者即使一时想不到答案，也可以继续思考下去。

我认为学习就应该像解思考题一样。答出死记硬背记住的知识，和当场思考作出解答相比，后者要有趣得多。

有些人对知识问答倾注了满腔热情，这让我很不理解。上学时老师让我们记住日本各县的政府所在地，我就很不擅长背下那些陌生的城市名。

以前有个考记忆力的竞赛，世界冠军是一位能背下圆周率小数点后十万位的选手。我曾遇到过一个能背出圆周率小数点后几百位数字的人，当时非常震惊。我没说什么，心里却觉得都是徒劳无益。记住再多的数字又如何，有什么用呢（当然，有些学问是没有直接用途的）。

我的意思并不是说背东西不好。比方说，学校的教授记住学生的名字是为了认出每个学生，记住名字可以让双方更顺畅地沟通想法、交流感情。

动物生态学家今西锦司[①]曾说，蒙古人会给每只山羊起名字，这样才能分辨出每只山羊。他深受启发，决定也要这么做。后来他学会了辨别每只山羊，进而能更深入地观察不同山羊的行为模式。

知识问答和思考题的有趣之处完全不同。知识问答中碰到了不会的题，查一下资料马上就能知道答案。如果你的兴趣在于记忆本身或答对问题，那另当别论；如果只是增加记忆储备，那有什么用呢？

思考题的答案是查不到的，甚至不知道如何查起。要是去请教会做这道题的人，那就没意思了，完全丧失了“自己发现答案的喜悦”。

“知道”不等于“懂得”。可无论大人还是小孩，都认定“知道”是一件很有意义的事。对答如流的孩

① 今西锦司（1902—1992），日本生态学家、人类学家、登山家，被誉为“日本灵长类动物研究第一人”。

子会受到赞美，而迟疑（其实是在思考）的孩子则会被批评。问题在于，人们往往将“知识量”作为评判孩子的标准，自己认真思考、无法立即给出答案的孩子反被认为能力不足。

温斯顿·丘吉尔（英国前首相）也说过类似的话，“有些孩子喜欢认真思考，因此在考试和运动竞赛中反应较慢，就成了垫底的那一个”。

学校为了统一答案或方便评分，试卷上都是考记忆力的题目，这样的考试有什么意义呢？我曾想过，要是升学考试能出二十道真正的思考题，一定很不错。

《朝日新闻》曾经报道，升学考试确实有改革的倾向——由考查已知的、记忆性的知识，转为考查学生的思考能力。这种方式是理想的，但很难打分。日本政府在考试制度方面进行过种种尝试，但我希望不要再变来变去。如果今后确定使用这套考试制度，我就赞成。不然的话，对于辛苦备考的孩子们来说，实在是浪费青春。

美术课的意义

我和雕刻家佐藤忠良曾合作编写教科书《儿童的美术》。书里有这样一段话。

致本书的读者：

美术课的目的并不是画出漂亮的画、做出精美的手工作品。更重要的是把所见所想用自己的方式表达出来。

只要坚持真诚地画画、做手工，不仅技巧会逐渐提高，整个人的感受力也会增强。

在这样反复练习的过程中，你将体会到大自然的浩瀚，也终会明白自己想成为什么样的人。

这才是美术课的意义。

绘画是自由的。我当老师的时候，很不理解给画作打分这件事。一般来说，画得不够写实、和实物不够像，就得不到高分。可是人对绘画的喜好千差万别，也不用非得画得和实物一模一样。绘画在本质上就不适合打分。

佐藤忠良在《致青年艺术家》一书中说过，看一流的作品，听一流的音乐，然后逐渐形成自己的审美标准。最重要的在于自己亲眼去看，亲身去体会。

那个年代很流行在教科书中收录孩子们的作品，因此我们编写《儿童的美术》时，除了丢勒、毕加索、梵高等大师的名作，还选了一些孩子们的画。

美术作品是文化的凝结，反映了那个时代的宗教信仰、社会风貌、人们的所思所想。看一幅画，就如同读一本历史书。

一幅画看过一次之后，还可以在脑海中反复回味，并由此产生许多思考。所以即使是不画画的人，也不妨多去美术馆看看。

向大自然学习

随着四季流转，日本的大自然呈现出不同的面貌。我们凝望自然时，会震撼于万物焕发的勃勃生机。

有一次，我在松本市偏僻的乡下遇见一群五六年级的小学生。他们边走边玩，非常快乐。

也许是我个人的偏见吧，总感觉他们看起来比城市里的孩子要鲜活得多。

通过影像了解和自己亲身体验不是一码事。看纪录片里的乡村风景，听主持人感叹“空气好清新，乡下真好啊”；实际漫步大自然，看到花开，听到鸟鸣，见到雨水湿润大地，嗅到森林里的气味——这两种感受方式截然不同。

都说现在的孩子渐渐失去了野性，但只要多接触鸟、昆虫、牛、马等，在自然中玩耍，孩子们身上的那股野性总能回来。哪怕一开始不太适应和动物接触，慢慢就会习惯。

多接触大自然是好事。更恰当的说法，也许不是“接触”大自然，而是“融入”大自然。

我经常到各地写生，身处实地，对眼前的风景有了感觉再下笔。哪怕只是画一棵树，实地写生和临摹照片也大不一样。

学习是一种兴趣

我之前偶然结识了民俗学家普鲁奈尔，后来去法国的时候，承蒙他的安排，一个叫舒贝克的留学生带我游览了巴黎。

舒贝克来自奥地利，虽然我的英语一团糟，两个人倒也能勉强交流。他带我游览了很多地方，后来说学习时间到了，要回家了。我对他说："学习很重要，快回去吧。"结果分别后没过多久，他又折了回来，认真地对我说："学习不是因为重要，而是一种兴趣。"我立刻恍然大悟，对自己刚才说的话感到惭愧。经过这件事，我才深深地意识到"学习是一种兴趣"。

对于舒贝克来说，带这个日本人游览法国很有意义，并不是为了逃避学习才做的差事。他让我明白，“学习是很有意思的”。

人们本就应该出于兴趣而做学问、搞研究。孩子们认为上学很无聊，也和学校应试为主的授课方式有关，这种填鸭式教育实在枯燥无味。我真希望有什么好方法，能帮孩子们对付那些无法逃避的考试啊。

3 独立思考的秘诀

那些我们放弃思考的事

天气预报除了播报天气，还常常提供一些出行建议，比如“降雨概率较大，建议您出门携带雨具”。

天气预报只播报晴雨等气象信息就好，没必要提醒大家“出门多带一件衣服”。节目组也许认为这样很贴心，但这是观众应该自行思考的事。

主持人说“请适当添加衣物”，收看节目的观众如果真的照做了，第二天感觉到热就会颇有微词。衣服是添是减，终究由自己决定。天气预报原本就是“预报”，不代表实际状况。电视节目可以看，但我们也要有独立思考的意识。

常听人说某项运动能缓解腰疼、某种食品有益健康，一问理由，往往都是“电视里说的”“别人都这么说”。他们对此从未有过怀疑，似乎只要有人这样说过，就是对的。日常生活中，人们盲目听信电视、报纸所言，放弃独立思考的情况比比皆是。

请想一想，你有没有过这样的时候。

有句谚语说得好，“溺水的人哪怕是一根稻草也会紧紧抓住”，意思是人们身处困境时会抓住一切希望，哪怕再渺小的机会也不放过。世上的事情大多如此。

推销的人最善于利用这种心理。卖“稻草”不需要本钱，是一本万利的买卖，当然卖得越多越好。为了引人来买，首先要让人“溺水”；在“溺水”的人眼里，这根“稻草”就成了宝贝。等时过境迁，人们才会恍然大悟。

比如，某些产品号称“使用后让人看上去更年轻”，我对此是存疑的。

它们的广告语大多是“用了这种面霜，你看上去会年轻十岁”。看上去年轻又怎样？追求与实际年龄相符的美难道不好吗？商家首先营销的是“看上去年轻更好”这一理念，让消费者“溺水”，再向他们兜售“稻草”。而我们往往看不穿商家的把戏。

我觉得，除皱面霜也好，减肥药也好，见效很快的反而不妥。那些产品越是强调效果肉眼可见，就越令我心生警惕。号称有美白功效的护肤品，结果反而催生皮肤长白斑，新闻中就报道过这样的事。

广告商为了在短时间内传达出更多信息，常常用柱状图等统计图表来说服观众。这些披上科学外衣的宣传反而不可信。图表是一种科学统计工具，需要花时间查看、分析才能理解内容，进而验证信息的可靠性。但广告里的图表往往一闪而过，根本不给我们思考的时间。

经常有人问我长寿的秘诀，但我既没特地注意饮食，也没做那些所谓有益健康的事情，不过是一直按自己的喜好生活罢了。因此，我不相信所谓的“健康食品”和保健品。

请大家仔细想想，自己是否轻信过一些不知道确切来源的消息，是否受他人误导而高估了某件事情的重要性。

怀疑一切

我对所有事情都抱着怀疑的态度。人真的会被上天惩罚吗，血型能决定人的性格吗，通过手相能看出一个人的命运吗……我从小就对这类事情存疑。对于我们最渴望知晓的明日之事，可以尽情想象，但无法科学地预知。所以，我不相信那些自称有未卜先知的超能力的人。

上学的时候，老师给我们讲过杂志《写真周报》上的一篇文章，我至今还记得。文章说金字塔里有一条神秘的小道，崎岖不平。神奇的是，它起伏变化的趋势竟然和历史上重大事件的发生时间吻合，宛如对世界发展进程的预言。根据大事的发生规律预测，还有四年，太平洋战争就会结束。

这纯属无稽之谈，但人们往往乐于相信“战争四年后就会结束”这种话。当“期待”和“预言”一致，人们就会失去理性，为了抓住一丝希望而轻信流言。

后来有一天，我真的进入了金字塔，发现从入口到法老墓穴的路是笔直的。

现在很多人都不知道公文写作中的惯用句“よって件のごとし（特此告知)”。其中的汉字“件”，传说是指一种人面牛身的怪兽，一生只做一次预言。

相传在太平洋战争后期，冈山县某地诞下了一头这种神奇的怪兽，它用人话说“战争还有四年就会结束”，然后就死了。这样的事居然也有人相信，可见人们期盼战争早日结束的“渴望”战胜了“理性”。

法国哲学家笛卡尔主张“我思故我在”，而我自幼就是个怀疑一切的孩子。大人说，稻荷神社的狐狸雕像前供奉的炸豆腐真的会被狐狸吃掉，我当时心想：

根本就没有什么狐狸神啊。

从未有一本书，像笛卡尔的《方法论》那样打动我。

笛卡尔博览群书，不仅读历史、科学、数学方面的书籍，连天文学、占星术也有所涉猎。正是有这样的基础，他才能提出“我思故我在”这一哲学命题。

笛卡尔的出发点是“怀疑一切”，在确信是真理之前怀疑一切，不断怀疑，绝不轻信。只有“怀疑一切的自己”才是真实的。

尽管你我不是主张“我思故我在”的哲学家，但至少应该尝试一次怀疑，这是独立思考的前提。不如先从晚饭吃什么、明天穿什么、出门是否带伞这样的日常小事开始思考吧。

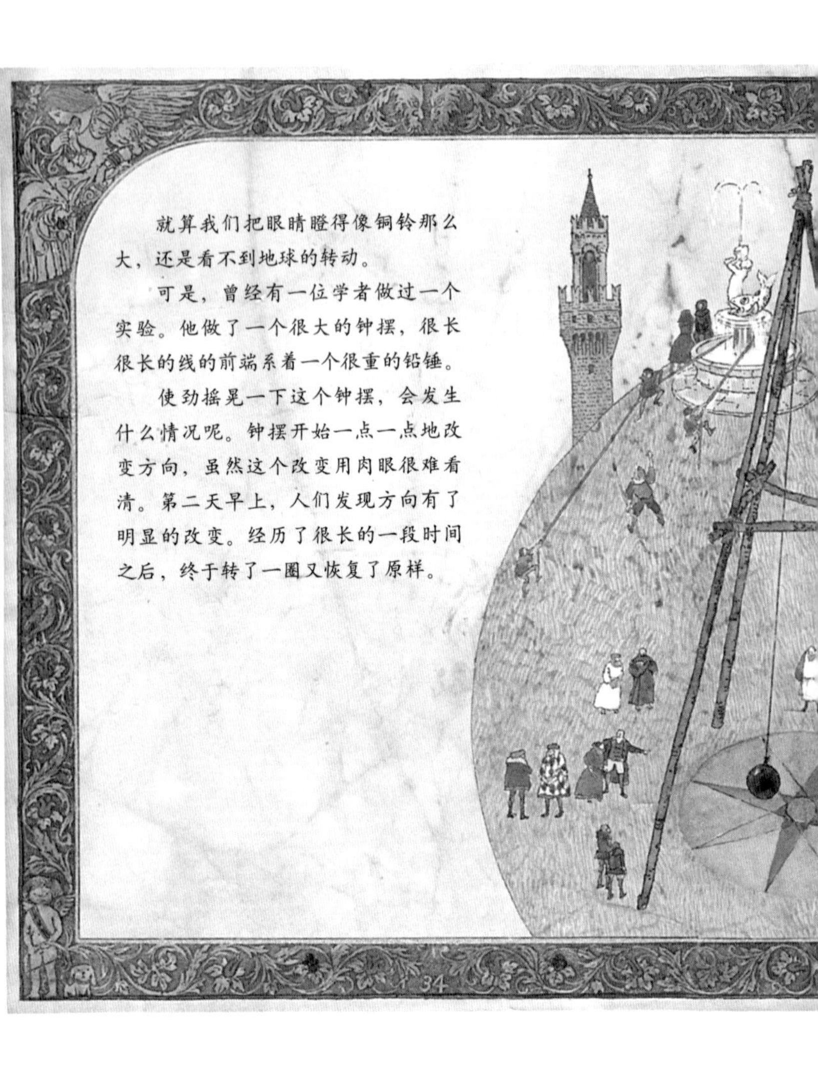

就算我们把眼睛瞪得像铜铃那么大，还是看不到地球的转动。

可是，曾经有一位学者做过一个实验。他做了一个很大的钟摆，很长很长的线的前端系着一个很重的铅锤。

使劲摇晃一下这个钟摆，会发生什么情况呢。钟摆开始一点一点地改变方向，虽然这个改变用肉眼很难看清。第二天早上，人们发现方向有了明显的改变。经历了很长的一段时间之后，终于转了一圈又恢复了原样。

出自《天动说》

坚定自己的立场

只有在一切事情上都坚定自己的立场，才能不被他人的意见左右。换句话说，不管别人如何，自己都要坚持原则，保持坦然的心态。

一会儿听信电视里的说法，一会儿接受报纸上的观点，没有自己的主意，整天人云亦云是行不通的。

要想改变，第一步就是做到独立思考。我认为，建立主动思考的意识很重要。

我以前在签售会上遇到过这样一件事。

现场有学画的读者低声问我平时用什么样的铅笔和纸作画。我心想，告诉你倒是没问题，但最好不要问我，自己摸索着寻找适合的纸和笔，对画画的帮助才更大啊。

自己的事情自己思考，自己承担责任，这样即使出错、失败，也可以修正重来。可惜现在我们经常听到孩子们说，“因为父母建议上这所学校”“因为别人都考这个证书”，本该自己考虑的事却交给别人来决定，逐渐失去了自主选择的能力。

我们遇到事情应该自己思考、判断，这样才能渐渐学会分辨事物的真伪，不盲信他人。学习各种知识，正是为了获得明辨真伪的能力。

逐渐丧失自己的想法是十分危险的。没有自己的想法，也就意味着不再承担责任。总是被别人的意见牵着鼻子走，这样的人生有什么意思呢？

了解自身的局限性

虽然我相信人类无所不能，但人创造不出大自然中的生物。动物行为学家日高敏隆[①]说过，“大自然是如此巧妙！比如大象用鼻子拿东西，人就想不出来”。

人类永远无法与大自然比肩。当然，我们只有充分认识大自然，才能真正意识到这一点。

我读过灵长类动物学家河合雅雄[②]的一本书。据说北极燕鸥是迁徙距离最长的候鸟，每年往返于南北极

① 日高隆敏（1930—2009），日本动物行为学家。致力于研究动物行为的起因及意义等，著有多部关于动物行为及其与自然关系的作品。

② 河合雅雄（1924—2021），日本动物学家，主要研究领域为灵长类动物；同时也是儿童文学作者，著有《大猩猩探险记》《河合雅雄动物记》《少年动物志》等书。

之间。它们天生就知道，往哪儿飞能享受最长时间的日照。

哺乳动物的幼崽也一样，天生就会找奶吃，一生下来就憋足劲儿努力生存、成长。

在如此玄妙而伟大的自然面前，我们只能叹服。画画这类艺术创作，和大自然相比实在是相形见绌。令人惊叹的是，大自然中的一切行为都由本能（基因）驱使，并没有经过事先设计。

我曾经受邀参与语文教科书的编写工作。有一篇课文的主题是“水”。我负责画插图，于是读了一些关于水的文章，这些文章多是单纯地赞美水，说什么“人的生存离不开水”，没什么意思。水也有可怖的一面，水会造成水灾、海啸，拥有巨大的能量。不挖掘水的本质，光写老一套没有意义。自然界的水威力非凡，人类难以与之抗衡。

意识到自己生存于大自然之中，时常被大自然打动，渐渐就会培育出对自然的敬畏之心，以及对美的感受力。

我曾和一位参与建造津和野安野光雅美术馆的木工师傅聊天，说到树木的年轮之美，他感叹道：“那是大自然用一百多年的时间画出来的啊。”

我们人类也是自然界中的生物，总有死亡的那一天。认识到这一点，就能坦然地面对衰老。以敬畏之心看待大自然，才能知道人类的渺小。了解大自然，才能了解我们自身的局限。

这样看来，毕生致力于探索自然界奥秘的日高老师，对人的认知程度也许超过了哲学家。

走出门，亲自去感受

从一座城市到另一座城市，从一个国家到另一个国家，我边走边画。实地写生，即使画得不尽如人意，度过的时光也会让内心无比充盈。另外，十分神奇的是，花同样的时间，实地写生能画得更多。对着一棵矗立在眼前的树木写生时，必然心有所感。我想正是如此，实地写生呈现的效果才有所不同。

与照片中的景物相比，实景给人的印象更深刻。就我个人而言，当然也可以临摹照片，只是与实地写生相比总感觉差点什么。打个比方，我们看某人的照片和见到本人的感觉一定有所不同，道理是一样的。

我在西班牙旅行的时候，路过某个地方时想停下来画画，又觉得好不容易来一趟，前面一定有更好的风景，就继续前行。然而后来发现，还是一开始的地方最合心意，于是掉头返回。可惜风景却和我之前看到的不一样了！“风景不会改变”这种想法本身就不对。太阳和云的位置会变，船只不会一直停在原处，天气也不一样，更重要的是自己的感受不同了。即使回到原地，眼前也不再是当初的风景。我常说：“写生的过程就像是和风景相亲。”大家听了都会笑，我其实没有开玩笑。

为了写生四处奔波，有时迷路，有时找不到旅馆，有时在山中遇到大雾……旅途中的艰辛一言难尽，但实地写生的乐趣能抵消这一切。

笛卡尔不仅博览群书，还热衷于旅行。他游走欧洲各国，和不同的人交流，从中学习。无独有偶，建筑家安藤忠雄也是在读万卷书后，行万里路。他说：

“自己去实际体会各种事物，从真实的生活中获取知识，这才是真正的学习。”

我主张多阅读，同时也不妨多走出去看看。随意地游山玩水固然不错，也可以前往书中描绘的地方，亲自探寻一番。

出自《旅之绘本》

欣赏原作

有很多次我在看到画家原作后都深感不虚此行。

希罗尼穆斯·博斯是一位荷兰画家，据说彼得·勃鲁盖尔深受其影响（虽然我不喜欢“深受影响”这种说法）。我非常想看博斯的原作，为此专程去了一趟西班牙。

博斯留下来的画作不多，其中祭坛三联画（《人间乐园》，普拉多美术馆收藏）有意思极了。我甚至期盼哪位当代艺术家也能画出这样的画。

画中的鱼身上长着人腿，嘴里伸出人腿……看上去有些许怪异，但非常有趣，来这一趟太值得了。

有人说像博斯这样细致的画法，还是在画册上更能看清细节。但透过原作，我们能看出画家思考、修改的痕迹，甚至能推测出他是如何一步步画出这幅画的，还可以感受到画册无法传递的氛围。

或者说，欣赏原作，我们能感受到一些肉眼看不到的东西。

何况画的尺寸也不同。画册开本再大，也比不上原作。放大镜或许可以把细节放大到和原作差不多，但那根本不是一回事。

当然，就算是欣赏原作，粗略一看也只能看出“颜色很漂亮”。但如果再仔细看一看，除了肉眼可见的内容，还能看出画中人物的神态、情绪，甚至能想象出他们所谈论的话题，感受到画家作画时的心情。每次看画，我都会琢磨这些。

独处的能力

现在的画家，一般都独自工作（在埃尔·格列柯、委拉斯凯兹所处的文艺复兴时期，画家是和学徒一起工作）。

我很喜欢“云中一雁”这个词。大雁一般结队飞行，但有时也会看到离群的孤雁独自飞翔。画画时的我也一样，不喜不悲，独自一人也无妨。

一个人的旅行更妙。为什么这样说？因为一个人更自由，不必顾虑他人。一伙人出行，必须尊重大家的意愿，难免劳心费神。一个人的话，无论是目的地还是行程安排，都可以自己做主。

我不会因为一个人独处而感到孤单。以前有本畅销书《一个人旅行的乐趣》[1]，诸位有时间可以读一读。

有很多人不习惯独处。其实只要能发自内心地认为“一个人待着也不错”，就不会害怕孤单了。

比如说，孩子被欺凌时该怎么办。孩子去学校接受教育当然是好事，有些东西只有在集体中才能学到。但如果孩子因受到欺凌而痛苦不已，我认为不去上学也没关系（小说《绿山墙的安妮》中，主人公安妮也曾受到欺凌一度休学）。这种时候想远离人群、一个人独处，没什么不好。假如可以接受“融入不了集体也没什么”“自己一个人也很好”，或许就能释然了。（不过安妮后来重新回到了学校……）

人们在宴会上推杯换盏，谈笑风生。我不会喝酒，这种时候往往归心似箭，看准机会就提前离席。

哪怕事后被讽刺来了不喝酒还一个人先走，我也

---

① 《一个人旅行的乐趣》：日本作家高坂知英通过旅行进行文化观察的随笔，于 1976 年出版。

不以为意。只要发自内心地接受独处，不追求事事都和大家步调一致，基本上就无所畏惧。

我从小就觉得独处没什么不好。

我曾经想过，等自己老了、不再画画了，会干什么呢？（虽然现在我已经老了。）浮现在脑海中的，仍然是我独自画画的身影。

读书

前面提到，我建议孩子们多读书。其实不管年龄多大，人都应该多读书。我写了很多文章劝人读书，可是让不读书的人开始阅读，不是一件容易的事。

读书，如同做心灵体操。读书能打磨内心，让心灵得到满足。比起化妆，读书更能让我们变美。往深里说，读书使人懂得“内在美更加重要”。

不读书，人也照样活着。可同样是活着，爱读书的人度过的十年相当于一般人的二十年、三十年。因为书里的知识，都是前人饱尝艰辛、钻研学习后取得的成果。

比如，花几百日元买本书，就可以了解哥伦布发现美洲大陆的过程中经受的重重磨难。

作者不会泛泛而谈，而是经过缜密思考之后才动笔。这也是我建议人们读书的原因之一。正如笛卡尔所说，作者要对自己的作品负责。

如今人们的时间更多地被电视和手机挤占，留给阅读的时间越来越少，这可以说是人类文明的一大变化。电视和手机会主动向我们“兜售”乐趣，快乐来得更容易。而书则需要我们自己去阅读，主动思考，才能感受到其中的乐趣。

看电视、看电影的时候，我们只要跟着剧情走就行，不用思考太多。尤其是电视节目，电视台为了提高收视率，会制作一些浅显易懂的节目，让观众不费脑子就能获得乐趣。

而读书时，我们必须自行想象文字所描写的场景，把握故事的发展进程。

当然，电视节目和电影都有剧本，剧本也是一种书。观众看到的是制作团队在剧本基础上的再创作。

如果自己不主动去读、去理解，谁也不能带我们走进书中的世界。但只要一打开电视，海量信息就会扑面而来，我们往往还来不及思索，就被信息的洪流裹挟而去。从这个角度来说，书籍和电视向我们传递信息的方式似乎没有可比性。

书的有趣之处就在于，我们需要一边摸索一边阅读，逐渐理解书的内容。

读书与独立思考之间有着千丝万缕的联系。

通过读书，可以形成自己的思考方式。不论如何，我希望孩子们养成独立思考的习惯。不要动不动就是某位名人这么说过、电视节目这样讲过，凡事都听别人的，不觉得这样很无聊吗？独立思考需要日复一日的训练，所以趁头脑灵活的时候多读书吧，尽可能多地去了解世界上各种各样的思想。

读书是自己一个人的事，无关竞争。与化妆打扮不同，别人无法通过外表判断你是否读了书。但你的心灵会悄然变得美好。

后记

近来，独立思考的意义变得愈发深刻。前不久偶然看到将棋手藤井聪太与人对局，引发了我的思考。乍看之下，将棋的招式似乎都有套路，其实每一局棋都不同，就算这一局棋与过去的某次对弈有相通之处，新的对战也会产生新的变化，不可能依靠模仿他人的招式取胜。将棋是一项创造性的活动，它不是在已有的策略中做选择，而是重新创造。所以将棋手独立思考的能力很强，这和他们从小就刻意练习有关。

设想有人在某个领域是顶尖高手，已经没人可以指点他，那他就只能独立思考，依靠自己的力量继续提升。

毕加索创作了很多令人费解的抽象画。那个时代流行的是严谨、完美的古典主义绘画，毕加索的《格尔尼卡》等画作却受到了高度评价。毕加索的伟大之处在于创造了崭新的绘画方式，拓宽了艺术的边界。在他之后，再“奇异”的画作人们都能接受。

围绕“思考”拉拉杂杂讲了这么多，但我毕竟不是这方面的专家，所以写的时候也有过顾虑。

福音馆的编辑们看了我的作品，认为我的思维方式和常人不同，想通过谈话来弄明白哪里不一样。所以他们的提问很深入，需要仔细思考才能回答。我也因此想了很多，受益匪浅。

感谢福音馆长久以来对我的关照，只要能帮上忙做什么我都愿意。但目前我做的这些，还不足以表达我的谢意。

我到现在都记得小时候把镜子放在榻榻米上盯着看的经历。镜中的世界不仅左右相反，就连上下也是颠倒的，这个“真实”的虚幻世界多么有趣！

各位有空的话一定要试试看。

在私立小学当老师时，一个学生对我说：“老师教我们，不就是为了领薪水嘛……”

言下之意，“所以没必要跟我们生气啊”。

这件小事足以说明孩子们一直在观察这个世界。大人不小心在孩子面前吐露的真话，孩子们都记着呢。

被这个孩子这么说，我一时哑口无言。虽然后来我辞去了学校的工作专职画画，但他的话的确不假。

“老师教你们确实是为了领薪水”，这话没错，但我们一直在极力避免说出这种可怕的实话。毕竟教育事业的伟大之处不是金钱可以衡量的。

如果可以，我想还是应该尽可能告诉孩子事实，“整个社会都是这样，大家深知金钱的重要性但不会摆到明面上说，这就是成人世界的规则”。这番话无论是否说出口，我们都要心知肚明。这很重要。

战争、政治都与金钱有着千丝万缕的联系。但这个世界上也有像特蕾莎修女那样不为金钱所动，全心全意为他人奉献的人。

老师教书能拿薪水，父母养育孩子可一分钱也拿不到。但在教育孩子这件事上，父母肯定比老师更认真。所以金钱也不是唯一的评判标准。

最后我想引用伊丽莎白·格雷·维宁夫人的一段话。

维宁夫人是明仁天皇还是皇储时的家庭教师。她从日本回美国后写了一本《皇太子之窗》，书里有趣之处俯拾即是。在此，我想引用维宁夫人回国之前，在最后一堂课上所说的话。

“我希望大家无论何时都能独立思考。不论是谁说的话，都不要全盘相信。不要完全相信报纸上的报道，不要未经查证就盲目赞同别人的意见。请依靠自己的力量寻找真相。听到某一方强硬地发表意见时，一定要同时听取另一方的意见，然后做出自己的判断。如今各种言论铺天盖地，其中有真也有假。依靠自己的力量寻找真相，是全世界年轻人学习的重中之重。”

我对此完全同意。

我希望有更多的人能认真思考一下“独立思考”这件事。

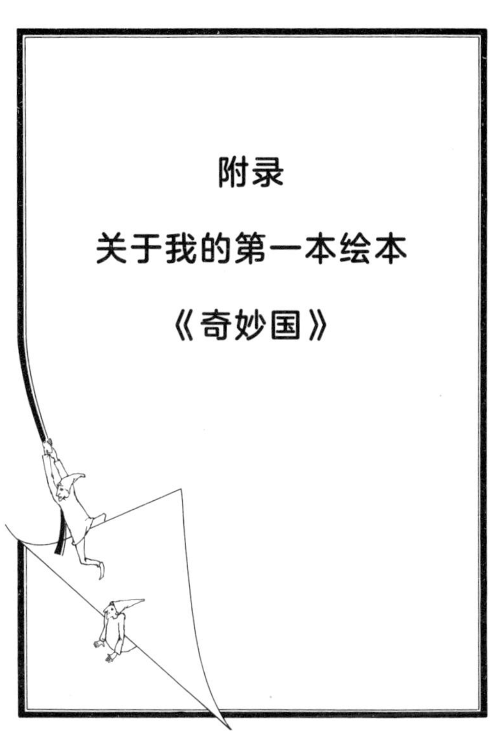

附录

关于我的第一本绘本

《奇妙国》

创作《奇妙国》之前

23 岁时，我在山口县德山市（今周南市）的小学做代课老师。那时战争刚刚结束，学校没有现成的教材，老师每天都要自己考虑教什么。

上科学课的时候，我把午餐用的白糖拿过来，让学生们观察蚂蚁排队搬运食物的样子。为了在音乐课上教《雨天的月亮》，我拼命地练习风琴。

总之，不仅是美术课，什么课都得教。回想起来，当时我对这份工作投入了很多热情和精力。

之后我前往东京生活，在铃木五郎先生的介绍下，到明星学园小学教四年级的美术。

在课堂上我让学生将自己名字中的一个字画成立体图，随心所欲地剪纸，用素描纸制作一个套一个的纸盒，用厚纸板制作能拍出颠倒照片的照相机……

其中一位学生的家长正是福音馆书店的总编辑松居直。他听儿子阿和说学校有公开课，就过来参观（我也是后来听说的）。

我本身对绘本就很感兴趣，但不好意思毛遂自荐，没想到松居直先生竟主动问我要不要创作绘本。

“只要有故事我就能画。”我说。

“没有字的绘本也可以啊。”松居直先生答道。

“没有字的绘本真的可以吗？”起初我有些疑惑，但转念一想，“既然人家说了可以，那就画吧！”于是决定创作无字绘本。

当时我痴迷于埃舍尔的画，便拿给松居直先生看。他立刻产生了灵感：“我们做一本这样的书吧！”首发于月刊《儿童之友》的《奇妙国》就这样诞生了。

这是我的第一本绘本。由于此前没有无字绘本，一时间议论纷纭。但我坚信，我想创作的不是那种两三下就能翻完的绘本，而是可以让读者一读再读、乐在其中的作品。

选自《奇妙国》

关于《奇妙国》

——为了免除火刑的辩护

安野光雅

（原载于《儿童之友》1968 年 3 月号）

被告人供述

法官大人，没错，这绘本是我画的，可这件事说来话长……什么？我的年龄？我是昭和十五年三月在 T 镇出生的。T 镇是山阴地方的古城，四面环山，抬头可见的天空大概只有方圆一里，像盖子盖在头上似的。“山的那边到底是什么样？”从小到大，我脑子里都充斥着这样的好奇。

等我长大一些，有人告诉我，山的那边也有村镇，还有大海，海水很咸，里面有鱼儿游动。然而，这样的山外世界，于我而言还是像海里的龙宫一样，属于幻想的世界。

幻想总是肆意驰骋，其不合理、不如意之处也恍如隔着一层雾，被随心所欲地美化。

故乡的群山虽然遮挡了视野，但也让我想象出一个奇幻的世界。

通往山外的白色道路仿佛绵延无尽，穿过城市，

越过村庄，一直通往远方，道路的尽头就是非洲的一丁目。非洲大概就是大地的尽头吧，那里海水如瀑布般轰然倾泻。

据说中世纪时人们就是这样认为的。可想而知，在那个时代倡导日心说的哥白尼等人拥有多么超群的想象力。

小时候，自行车铺的阿岩告诉我地球是圆的，还会转动。我听后大吃一惊。

于是我以为地球和圆圆的橡胶球一样，而我们住在它的内部。太阳悬在正当中，烟囱里冒出的烟缭绕成云，有时会遮住太阳。

这可真危险！挖井千万不能挖太深，否则不就挖穿地面，跑到地球的外面去了吗？地球的外面是什么样的？一定漆黑一团，就像身处阴沟里的暗河，无数可怕的怪物在那里生息。

其实我经常看见这个可怕的世界。把镜子放在地面上，然后看向镜子就知道了。法官大人您尽管去查证。镜子里有个通往地球另一面的大洞，里面的房屋、电线杆、森林和山脉都是倒立的，稍有不慎，就会失足坠入深不见底的天空里。

透过镜子里的洞穴，我们可以窥视地球的另一面。那是一个令人惊悚不已的世界，既可怕又美丽。在电闪雷鸣之夜，你把镜子平放在地面上，看到的一切就接近于那个世界的真实景象。

什么？您问我是不是疯了？没有没有。我有医生的诊断书，不过是慢性空想过多症而已。请接着听我说。

那是Y村附近的一条僻静小路，我和K（金山治世君）一起在路上走着。

突然，我的老毛病又犯了，说了句，“说真的，我是狐狸变的。”

K吓得差点跳起来，“你在骗我吧？”

“嗯，骗人的。”

K 的脸色变了。这下我也有点怕了，追着落荒而逃的 K，大喊："我胡说的！我不是狐狸！"

该不会是狐狸尾巴露出来了吧？我忍不住伸手摸了摸裤子。

想变身的时候念咒语就行，别说变狐狸了，变成狼也没问题。

年纪更小的时候，变身根本用不着念咒，可惜年纪越大，知道的各种乱七八糟的东西越多，不念咒就变不成狐狸了。

我小时候看过一个叫《魔杖》的故事：将魔杖挥舞三圈，然后念咒语，愿望瞬间就能实现，飞到任何你想去的地方。像我这样醉心于幻想的人，对这种情节坚信不疑。

于是有一天，我找了个没人的地方，按照故事里说的那样念起咒语。

"我要马上变成狮子，我要马上变成狮子！不过，变成狮子后不能再变回人可不行，我只想当一小会儿狮子，我只想当一小会儿狮子！”

我一边念念有词，一边挥动扫把，然后小心翼翼地睁开眼睛。

浴室镜子里的我刚刚变回人形，前一秒还是狮子。

请您原谅，念咒语的不只是我，还有那些为了庄稼的收成向上天祈雨的人啊。远古时代，人们常常向老天爷祈祷。人在无计可施的时候，就会依赖咒语这种最原始的魔法。

那时的巫师或魔法师，肯定比现在的政治家还受人称颂，比科学家还令人尊敬。我自己也曾对魔法师心存敬畏。

庙会上的摊贩和杂耍艺人表演的幻术虽说浅显，但也能证明魔法的存在。不过在我看来，一按开关就流淌出音乐或人声的收音机，简直就是魔法师本尊。

唉，请您接着听我说。收音机靠电力驱动，地球是转动的球体，这些都是我后来才知道的。

得知“人就存在于地球的表面”“宇宙是无穷大的空间”之后，我头脑中掀起的风暴不亚于文艺复兴时代的思想震荡。

这种形容可能有点夸张。总之，巫师、魔术师都不见了踪影。我开始明白，那些所谓的“魔力”，原来是严肃、冰冷的科学。

如果没有故乡那日益荒芜的群山，我就不会幻想出那样神奇的世界。

我没有生活在盛行火刑的中世纪，而是迎来科学曙光的二十世纪，不知道这是幸运还是不幸呢?

人们不再相信占卜、咒语、奇迹和魔法，但也没有成为不畏神灵的巨人。

请屏气凝神，听听我心里那个日渐渺小的巫师的自问自答吧。

“你真的相信世界上存在咒语吗？”

“嗯，有点信。”

“你认为念了咒语就会下雨吗？”

“嗯，有时会下。”

“那就是说，也有不下的时候？”

“这种情况经常发生。不过，说不定什么时候雨就下起来了。”

“那还用说！你们就靠这点伎俩骗人吗？”

“哪里的话，这还算不上是欺骗吧……不过是大家希望我祈祷作法，我听命于人才唱念咒语的。”

“听命于人？到现在你还说得那么好听，其实你比谁都知道咒语无用。”

“嗯，不过大家……”

“你这蠢货！其实他们知道一切都是假的，但甘愿被骗！”

“咦？这是什么意思？”

“连着这么多天不下雨，大家只有假装相信你的咒语，才熬得过去啊。你真笨！你才是被骗的那个！”

“不，这不可能。我可以现在就对法官施咒，让他判我无罪，以此证明我的咒语确实有效。”

律师、美术评论家 N 的供述

被告现在已经极度疲劳，继续陈述对他来说太残酷了。现在由我来陈述参考意见。

明知是假的还要受骗，还要欺骗他人，这就是虚构的世界。文学、绘画，就是带我们看到虚构世界的巫师。这些巫师的所作所为不但没有违背追求真理的科学，而且可以和科学和谐共存。

什么？不能这样说？难道科学已经完全不顾人道主义了吗？

1924 年的某天，诗人安德烈·布勒东发表《超现实主义宣言》，一个突破一切常识性判断的艺术运动就此崛起。借用泷口修造的话就是，对物质文明和理性主义的信仰令人类变得虚弱，而这一运动试图在伪装的和平中对人类进行修复。

如果被告有罪，那么达利、米罗这些艺术家岂不是罪大恶极？这些罪人中，有一位是M.C.埃舍尔。他以独出机杼的构思，在精准计算的基础上反向利用古典透视法，构建了一个奇异的世界。举例而言，他在一幅作品上画了一只非常逼真的手，而画中的这只手也在“纸”上画出了一只手。

被告就是被这个人的作品迷住了，像着了魔似的。一个空想过多症患者一旦着魔，变成疯子也是情理之中。于是他连文字都不认识了，根本不能给绘本添上文字。不过歪打正着的是，没有文字，读者对绘本就有不同的理解了，可以自行想象绘本里出场的小精灵在说什么、做什么。

被告小时候在镜子里看到了独特的世界，就复苏人性、维护幼儿天性的意义而言，我赞同尽可能多让孩子们接触镜中世界。因此，我认为让孩子们看到这样的绘本意义重大。

不过，如果各位在艺术、幼儿教育或心理学等方面持有不同观点，不认同被告的画，请务必注意站在他身后的人。

没错，正是松居直和佐藤某。可想而知，是他们怂恿患有空想过多症的善良的被告画了这些画，这一切并非被告的本意。

被告是个善良之人，相比可能遭受的不利判决，他更害怕自己咒语般的供述将阁下的心境带回到中世纪。

此外，被告上有年迈的母亲，需要承担养家糊口，至今还孑然一身。恳请对其酌情宽大处理。

判决

被告和证人的供述着实令本官头脑混乱，但程度远不及这本绘本。

听了他们的供述，在查证期间，我开始倾向于承认该绘本在当今时代的意义。但是，仅凭称赞哥白尼想象力的异端思想创作不出这样的绘本，被告一定是用魔法搅乱了本官的头脑。

因此，我断定被告是一名女巫，哦不，是男巫。根据教皇英诺森八世的通谕，今宣判对被告施以火刑，以儆效尤。什么？最后的愿望？那你长话短说。

什么？你说“即便如此地球依然在转动”，还希望能记录下火刑的过程。

安静！请旁听的诸位安静！果然，被告就是一个男巫，本次审判是公正的。请各位安静！怎么安静不下来？这一定是布罗肯山的女巫干的好事！

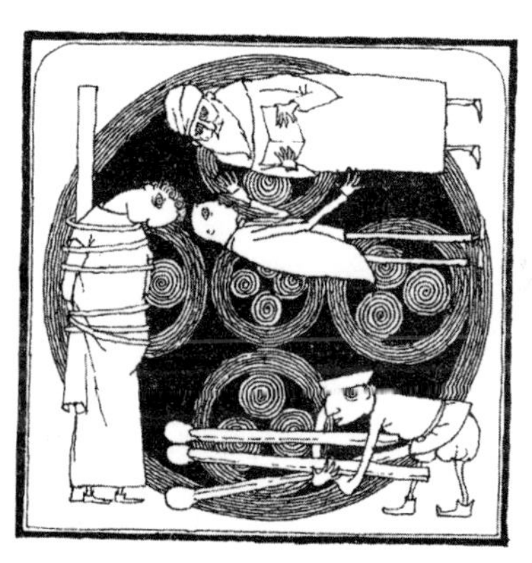

THINKING FOR YOURSELF -ANNO'S ESSAYS ON "CHILDREN"
by Mitsumasa Anno
text & illustrations © Kuso-kobo 2018
Originally published by FUKUINKAN SHOTEN PUBLISHERS, INC.,
Tokyo, Japan, in 2018 under kangaerukodomo
The Simplified Chinese translation rights arranged with
FUKUINKAN SHOTEN PUBLISHERS, INC.,
Tokyo through DAIKOUSHA INC., KAWAGOE

著作版权合同登记号：01–2021–4332

图书在版编目（CIP）数据

心灵富足的童年 /（日）安野光雅著 ；蓝佳译
. -- 北京 ：新星出版社，2021.11（2023.3 重印）
ISBN 978–7–5133–4599–6
Ⅰ. ①心… Ⅱ. ①安… ②蓝… Ⅲ. ①儿童教育－家庭教育 Ⅳ. ① G782
中国版本图书馆 CIP 数据核字 (2021) 第 160968 号

心灵富足的童年
[日] 安野光雅 著
蓝佳 译

责任编辑 汪 欣　**特约编辑** 马晓娴 黄 锐
封面设计 徐 蕊　**内文制作** 田晓波
责任印制 李珊珊 万 坤

出　　版 新星出版社 www.newstarpress.com
出 版 人 马汝军
社　　址 北京市西城区车公庄大街丙 3 号楼　邮编 100044
电话 (010)88310888　传真 (010)65270449
发　　行 新经典发行有限公司
电话 (010)68423599　邮箱 editor@readinglife.com
法律顾问 北京市岳成律师事务所

印　　刷 北京中科印刷有限公司
开　　本 787mm×1092mm 1/32
印　　张 4　**字　　数** 50千字
版　　次 2021年11月第一版　2023年3月第六次印刷
书　　号 ISBN 978–7–5133–4599–6　**定　　价** 29.80元